AF205684

Impressum
Verlag: BABADADA GmbH, Nedderfeld 112 , 22529 Hamburg
Geschäftsführer / Verlagsleitung: Harald Hof
Druck: Books on Demand GmbH, In de Tarpen 42, 22848 Norderstedt

Imprint
Publisher: BABADADA GmbH, Nedderfeld 112 , 22529 Hamburg, Germany
Managing Director / Publishing direction: Harald Hof
Print: Books on Demand GmbH, In de Tarpen 42, 22848 Norderstedt, Germany

škola
escola

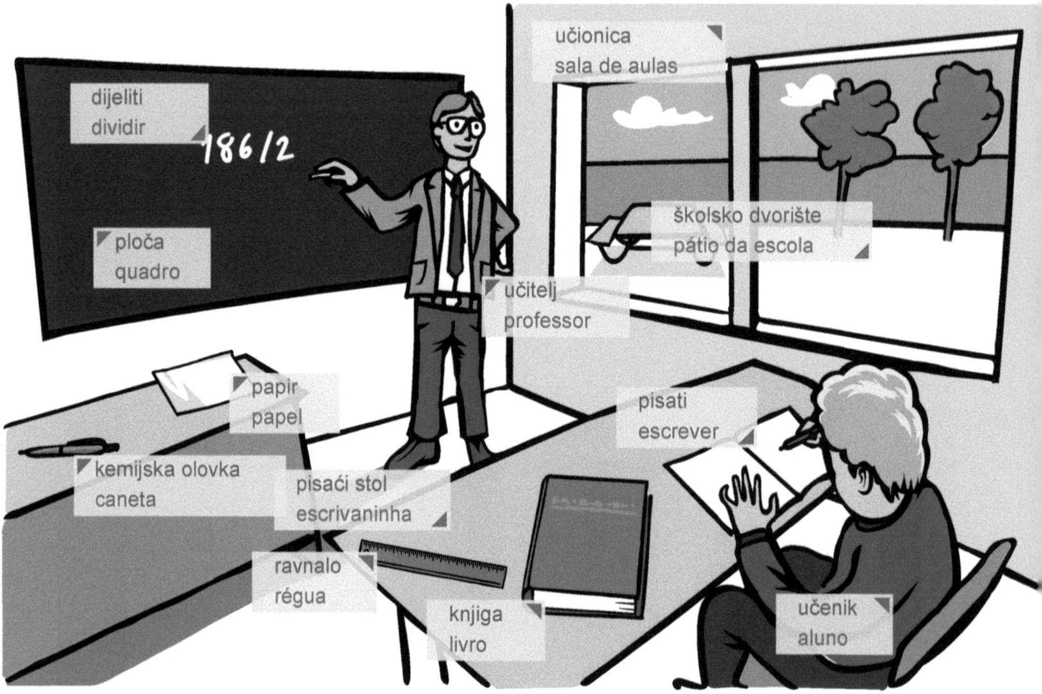
učionica
sala de aulas
dijeliti
dividir
186/2
ploča
quadro
školsko dvorište
pátio da escola
učitelj
professor
papir
papel
pisati
escrever
kemijska olovka
caneta
pisaći stol
escrivaninha
ravnalo
régua
knjiga
livro
učenik
aluno

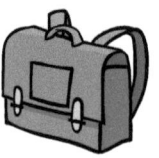

torba

sacola

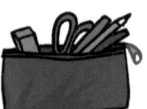

pernica

estojo de lápis

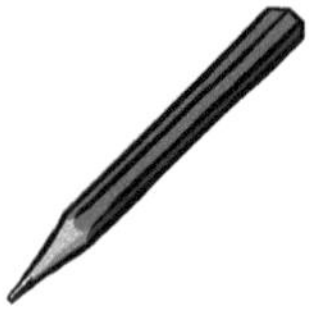

grafitna olovka

lápis

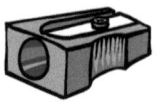

šiljilo za olovke

apontador de lápis

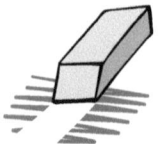

gumica za brisanje

borracha

blok za crtanje

bloco de desenho

crtež

desenho

kist

pincel

kutija s bojama

estojo de tintas

makaze

tesoura

ljepilo

cola

bilježnica

livro de exercícios

domaći zadatak

lição de casa

broj

número

sabirati

somar

oduzimati

subtrair

množiti

multiplicar

računati

calcular

slovo

letra

abeceda

alfabeto

riječ

palavra

tekst

texto

čitati

ler

kreda

giz

sat

hora

dnevnik

registro da classe

ispit

exame

svjedodžba

certificado

školska uniforma

uniforme escolar

obrazovanje

educação

leksikon

enciclopédia

sveučilište

universidade

mikroskop

microscópio

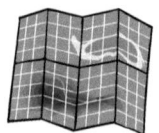

karta

mapa

košara za papir

cesto de lixo

putovanje

viagem

hotel
hotel
Grand
prenoćište
albergue
ROOMS
CHANGE
mjenjačnica
casa de câmbio
kofer
mala
auto
carro

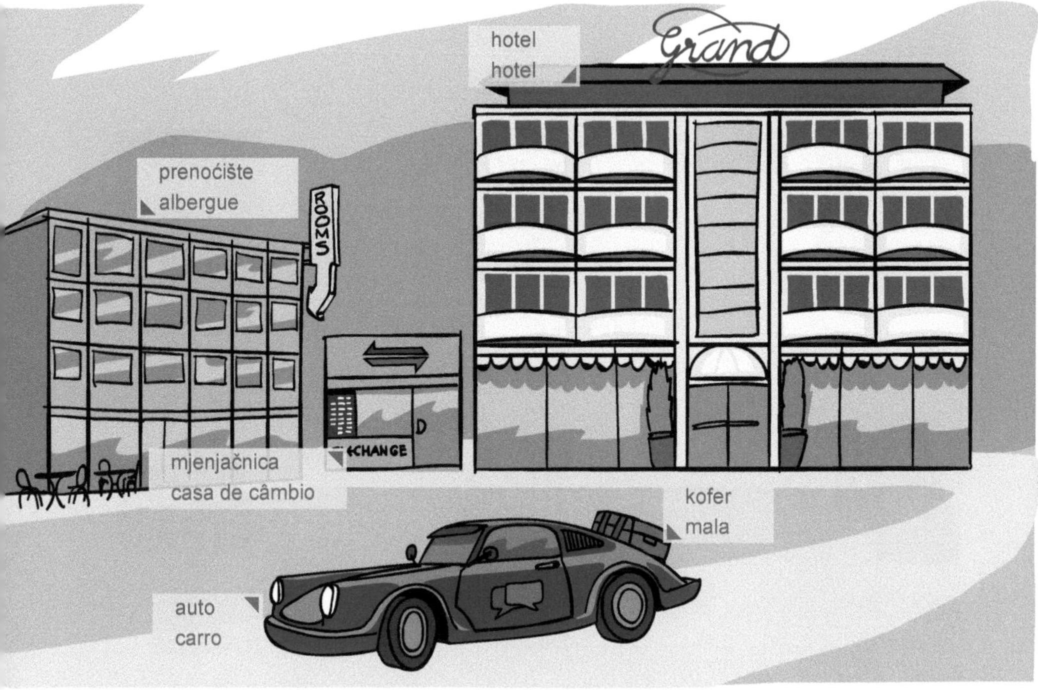

jezik

idioma

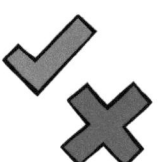

da / ne

sim / não

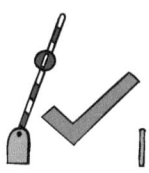

okay

ok

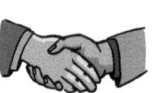

zdravo

Olá

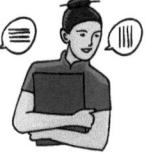

prevoditelj

tradutor

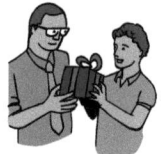

hvala

obrigado

Koliko košta...?

quanto custa...?

ne razumijem

eu não entendo

problem

problema

dobro veče!

boa noite!

Dobro jutro!

Bom dia!

Laku noć!

Boa noite!

doviđenja

até logo

smjer

direção

prtljaga

bagagem

torba

bolsa

ruksak

mochila

gost

convidado

soba

quarto

vreća za spavanje

saco de dormir

šator

barraca

turističke informacije

informação turística

plaža

praia

kreditna kartica

cartão de crédito

doručak

café da manhã

ručak

almoço

večera

jantar

karta za vožnju

bilhete

dizalo

elevador

poštanska markica

selo

granica

fronteira

carina

alfândega

ambasada

embaixada

viza

visto

putovnica

passaporte

transport
transporte

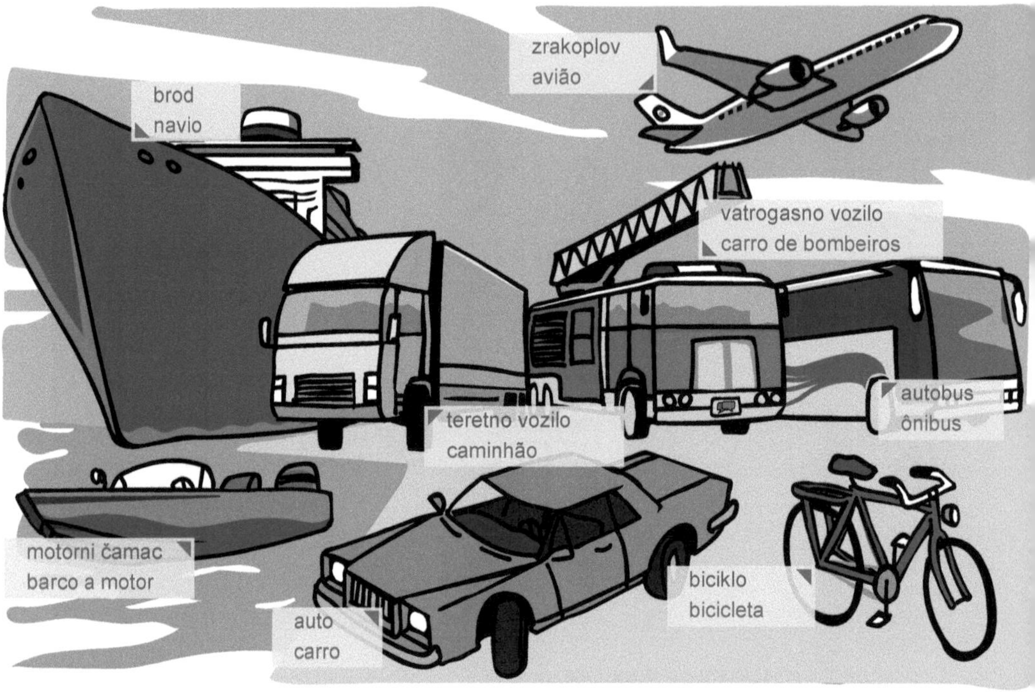

zrakoplov
avião
brod
navio
vatrogasno vozilo
carro de bombeiros
autobus
ônibus
teretno vozilo
caminhão
motorni čamac
barco a motor
biciklo
bicicleta
auto
carro

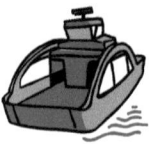

trajekt

balsa

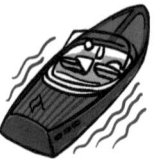

čamac

barco

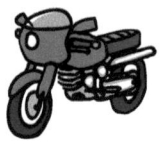

motocikl

motocicleta

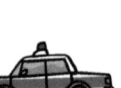

policijski auto

veículo policial

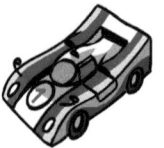

trkaći auto

carro de corrida

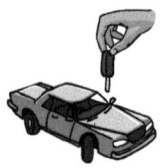

iznajmljeno auto

carro de aluguel

dijeljenje automobila

compartilhamento de automóvel

vučno vozilo

caminhão de reboque

vozilo za odvoz smeća

caminhão de lixo

motor

motor

benzin

combustível

benzinska postaja

posto de gasolina

prometni znak

placa de trânsito

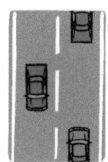

promet

trânsito

zastoj

trânsito lento

parkiralište

estacionamento

kolodvor

estação de trem

šine

trilhos

vlak

trem

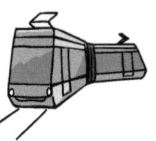

tramvaj

bonde

vagon

vagão

helikopter

helicóptero

zrakoplovna luka

aeroporto

toranj

torre

putnik

passageiro

kontejner

contêiner

karton

cartolina

kolica

carroça

košara

cesto

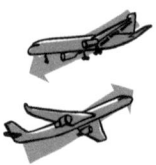

uzletjeti / sletjeti

decolar / pousar

grad
cidade

selo

vilarejo

centar grada

centro da cidade

kuća

casa

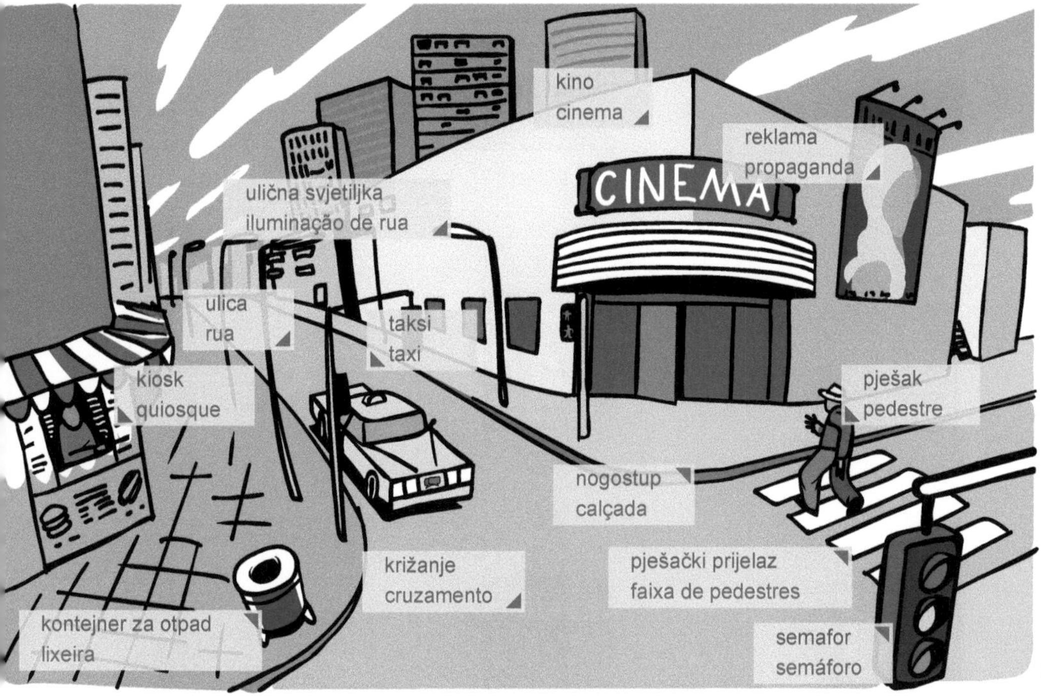

kino
cinema

reklama
propaganda

ulična svjetiljka
iluminação de rua

ulica
rua

taksi
taxi

kiosk
quiosque

pješak
pedestre

nogostup
calçada

križanje
cruzamento

pješački prijelaz
faixa de pedestres

kontejner za otpad
lixeira

semafor
semáforo

koliba

cabana

stan

apartamento

kolodvor

estação de trem

vijećnica

prefeitura

muzej

museu

škola

escola

sveučilište

universidade

banka

banco

bolnica

hospital

hotel

hotel

ljekarna

farmácia

ured

escritório

knjižara

livraria

prodavaonica

loja

cvjećara

floricultura

supermarket

supermercado

trg

mercado

robna kuća

loja de departamentos

ribarnica

peixaria

trgovački centar

centro comercial

luka

porto

grad - cidade

park
parque

klupa
banco

most
ponte

stepenice
escadas

podzemna željeznica
metrô

tunel
túnel

autobusna stanica
ponto de ônibus

bar
bar

restoran
restaurante

poštansko sanduče
caixa de correspondência

ulični znak
placa de rua

parkirni sat
parquímetro

zoološki vrt
zoológico

bazen
piscina

džamija
mesquita

seosko gazdinstvo

fazenda

zagađenje okoliša

poluição

groblje

cemitério

crkva

igreja

igralište

parquinho

hram

templo

krajolik
paisagem

list
folha

putokaz
placa de sinalização

put
caminho

livada
gramado

kamen
pedra

drvo
árvore

šetač
caminhantes

rijeka
rio

trava
grama

cvijet
flor

dolina
vale

planina
montanha

jezero
lago

šuma
floresta

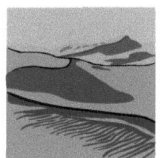

pustinja
deserto

vulkan
vulcão

dvorac
castelo

duga
arco-íris

gljiva
cogumelo

palma
palmeira

moskito
mosquito

muha
mosca

mrav
formiga

pčela
abelha

pauk
aranha

buba

besouro

žaba

sapo

vjeverica

esquilo

jež

ouriço

zec

lebre

sova

coruja

ptica

pássaro

labud

cisne

divlja svinja

javali

jelen

veado

los

alce

nasip

barragem

vjetrenjača

aerogerador

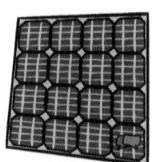

solarna ploča

painel solar

klima

clima

restoran
restaurante

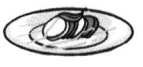

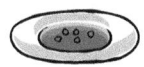

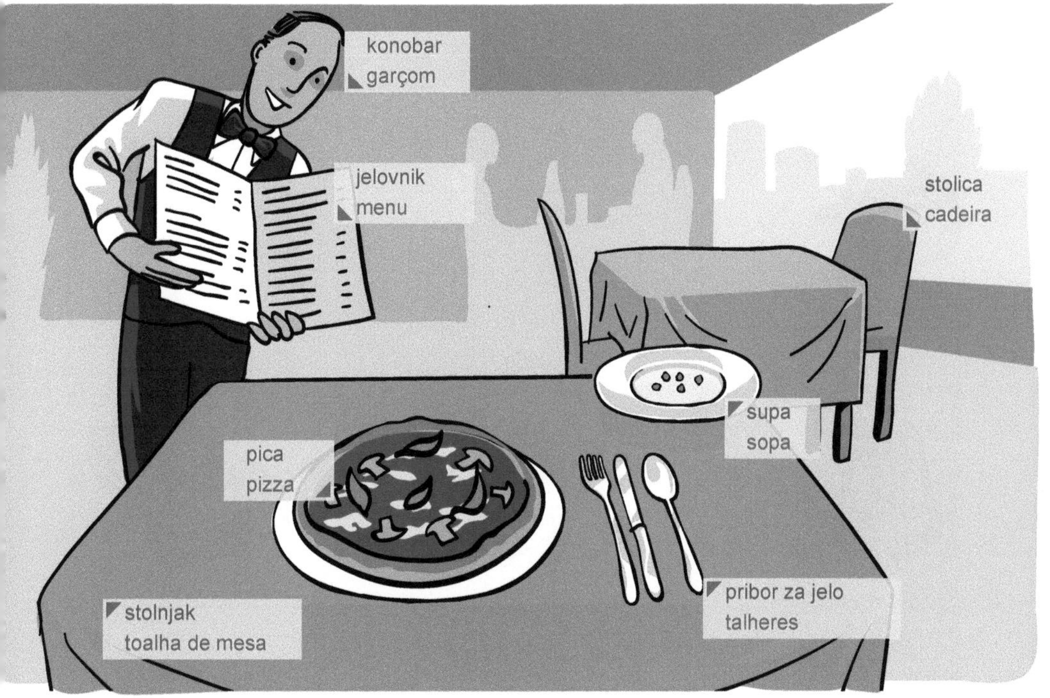
konobar
garçom
jelovnik
menu
stolica
cadeira
supa
sopa
pica
pizza
pribor za jelo
talheres
stolnjak
toalha de mesa

predjelo

entrada

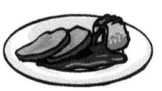

glavno jelo

prato principal

desert

sobremesa

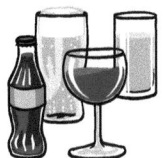

napitci

bebidas

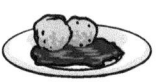

jelo

comida

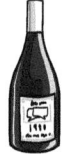

boca

garrafa

fastfood

fastfood

imbis hrana

comida de rua

čajnik

bule de chá

doza za šećer

açucareiro

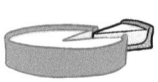

porcija

porção

aparat za espresso

máquina de expresso

visoka stolica

cadeirão

račun

conta

pladanj

bandeja

nož

faca

vilica

garfo

žlica

colher

čajna žlica

colher de chá

ubrus

guardanapo

čaša

copo

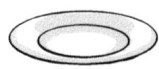

tanjur

prato

tanjur za supu

prato de sopa

tanjurić

pires

sos

molho

soljenka

saleiro

mlin za biber

moedor de pimenta

ocat

vinagre

ulje

óleo

začini

especiarias

kečap

ketchup

senf

mostarda

majoneza

maionese

supermarket
supermercado

ponuda
oferta especial
FOR
kupac
cliente
mliječni proizvodi
laticínios
voće
frutas
kolica za kupnju
carrinho de compras

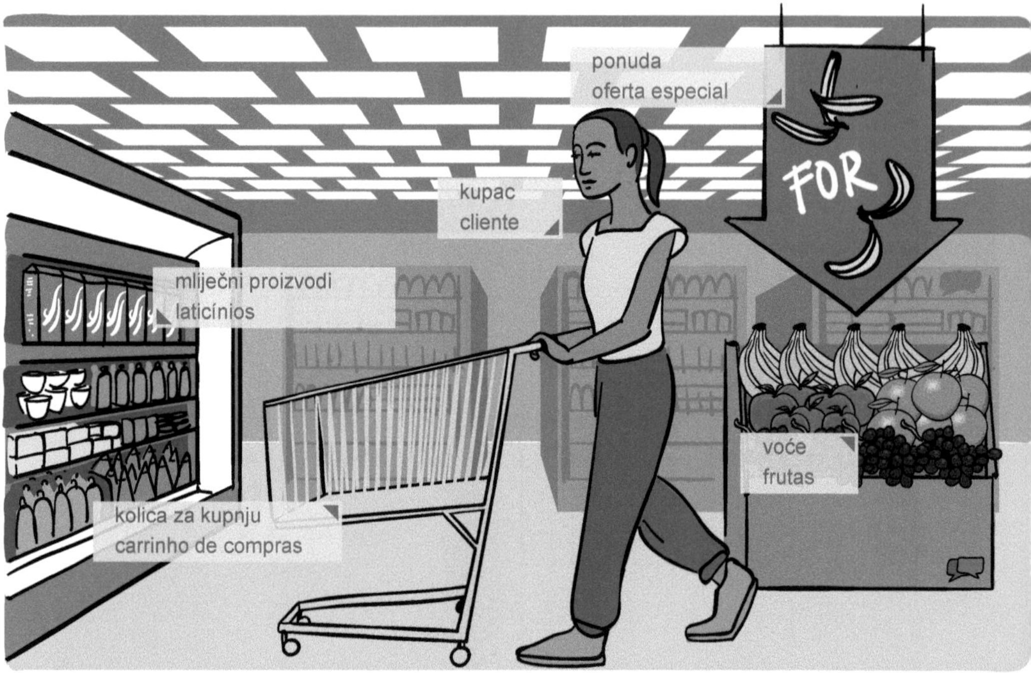

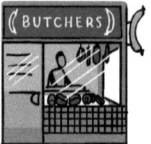

BUTCHERS

mesnica

açougue

BAKERY

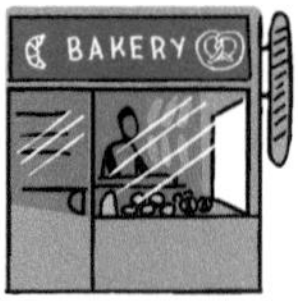

pekarnica

padaria

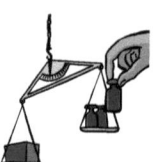

vagati

pesar

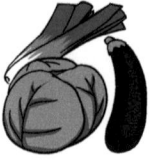

povrće

legumes

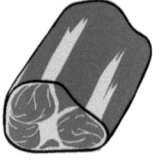

meso

carne

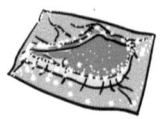

duboko smrznuta hrana

congelados

narezak

charcutaria

konzerve

conservas

sredstvo za pranje

detergente em pó

slatkiši

doces

artikli za domaćinstvo

artigos domésticos

sredstva za čišćenje

produtos de limpeza

prodavačica

vendedora

blagajna

caixa

blagajnik

caixa

lista za kupnju

lista de compras

vrijeme rada

horário de funcionamento

novčanik

carteira

kreditna kartica

cartão de crédito

torba

sacola

plastična vrećica

saco plástico

voda

água

sok

suco

mlijeko

leite

cola

coca-cola

vino

vinho

pivo

cerveja

alkohol

álcool

kakao

cacau

čaj

chá

kava

café

espresso

expresso

cappuccino

cappuccino

banana

banana

jabuka

maçã

naranča

laranja

lubenica

melão

limun

limão

mrkva

cenoura

češnjak

alho

bambus

bambu

luk

cebola

gljiva

cogumelo

orašasti plodovi

nozes

rezanci

macarrão

špagete

espaguete

riža

arroz

salata

salada

pomfrit

batatas fritas

pečeni krumpir

batatas frias

pica

pizza

hamburger

hambúrger

sendvič

sanduíche

šnicla

escalope

pršut

presunto

salama

salame

kobasica

salsicha

kokoš

galinha

pečenje

assado

riba

peixe

zobene pahuljice

flocos de aveia

musli

granola

kukuruzne pahuljice

flocos de milho

brašno

farinha

roščić

croissant

pecivo

pãozinho

kruh

pão

toast

torrada

keksi

biscoitos

maslac

manteiga

svježi sir

requeijão

kolač

bolo

jaje

ovo

jaje na oko

ovo frito

sir

queijo

sladoled

sorvete

šećer

açúcar

med

mel

marmelada

geleia

nugat krema

creme de avelãs

curry

curry

seosko gazdinstvo
fazenda

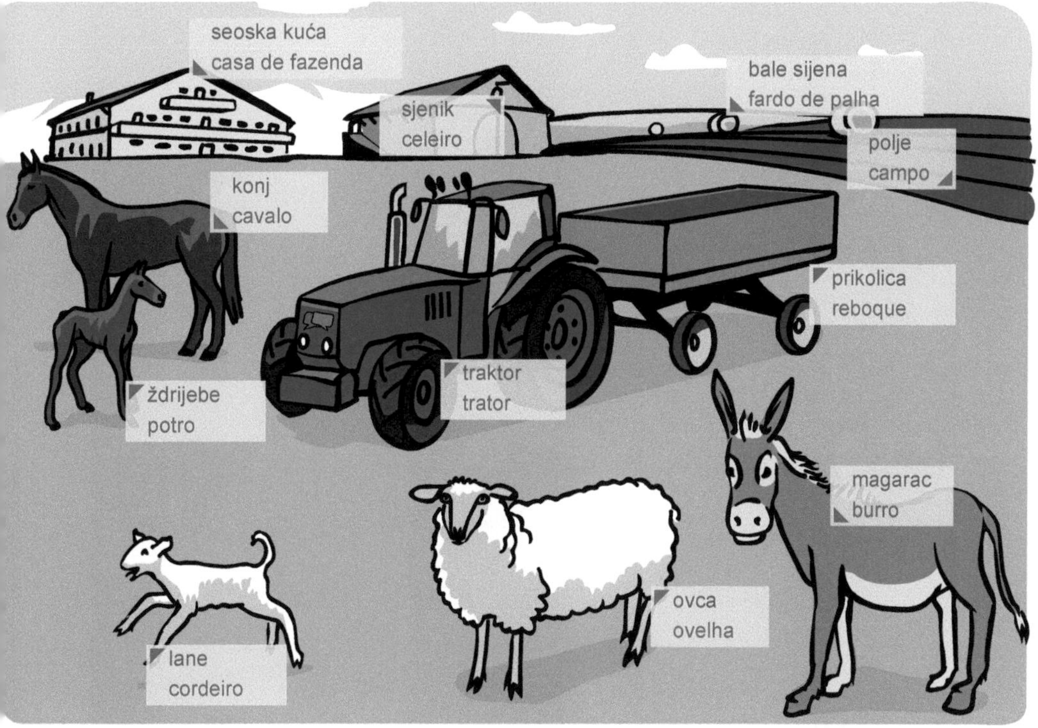
seoska kuća
casa de fazenda
sjenik
celeiro
bale sijena
fardo de palha
polje
campo
konj
cavalo
prikolica
reboque
traktor
trator
ždrijebe
potro
magarac
burro
ovca
ovelha
lane
cordeiro

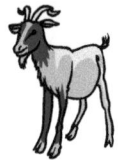

koza

cabra

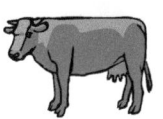

krava

vaca

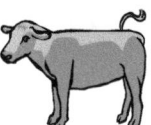

tele

bezerro

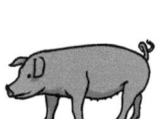

svinja

porco

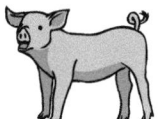

prase

leitão

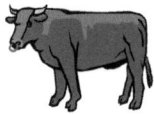

bik

touro

guska

ganso

patka

pato

pilići

pintinho

kokoš

galinha

pijetao

galo

pacov

ratazana

mačka

gato

miš

camundongo

vol

boi

pas

cachorro

kućica za psa

casinha do cachorro

vrtno crijevo

mangueira de jardim

kanta za polijevanje

regador

kosa

foice

plug

arado

srp
foice

motika
enxada

vilica za gnojivo
forquilha

sjekira
machado

tačke
carrinho de mão

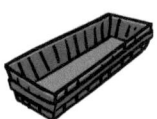

korito
manjedoura

posuda za mlijeko
jarra de leite

vreća
saco

ograda
cerca

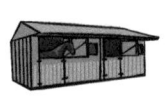

štala
estábulo

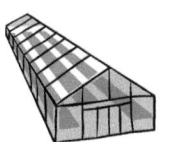

staklenik
estufa

zemlja
solo

sjeme
semente

gnojivo
fertilizante

kombajn
colheitadeira

žanjati

colher

žetva

colheita

yams začin

inhame

pšenica

trigo

soja

soja

krumpir

batata

kukuruz

milho

uljana repica

colza

voćka

árvore frutífera

gomolj manioke

mandioca

žitarice

cereais

kuća
casa

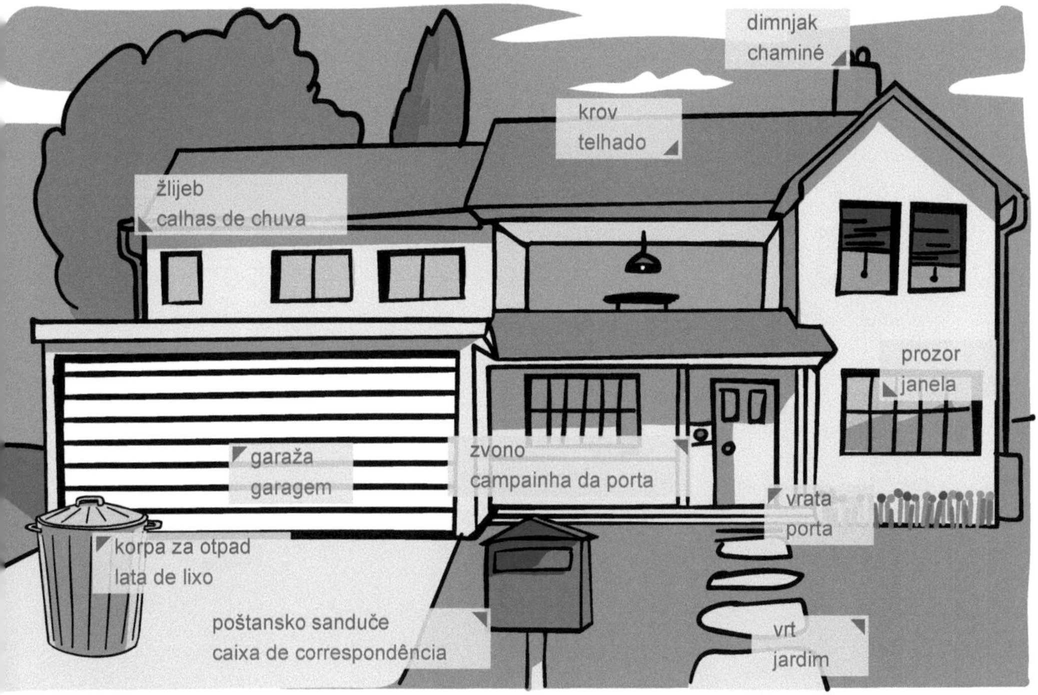
dimnjak
chaminé
krov
telhado
žlijeb
calhas de chuva
prozor
janela
garaža
garagem
zvono
campainha da porta
vrata
porta
korpa za otpad
lata de lixo
poštansko sandučе
caixa de correspondência
vrt
jardim

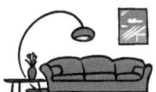

dnevna soba
sala de estar

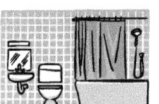

kupaonica
banheiro

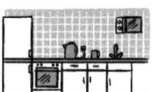

kuhinja
cozinha

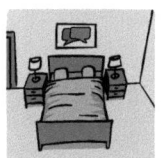

spavaća soba
quarto de dormir

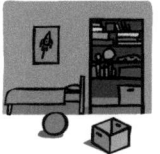

dječija soba
quarto de criança

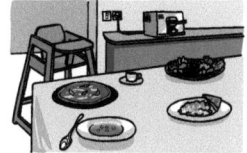

trpezarija
sala de jantar

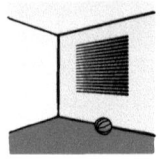

pod

chão

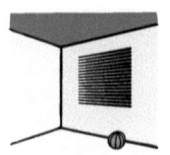

zid

parede

strop

teto

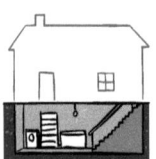

podrum

porão

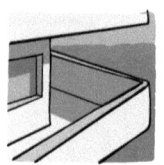

sauna

sauna

balkon

varanda

terasa

terraço

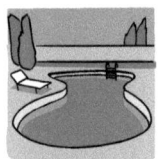

bazen

piscina

kosilica za travu

cortador de grama

posteljina za krevet

lençol

deka za krevet

coberta

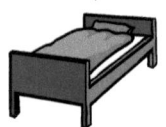

krevet

cama

metla

vassoura

kanta

balde

sklopka

interruptor

dnevna soba
sala de estar

tapeta
papel de parede
slika
quadro
svjetiljka
lâmpada
regal
prateleira
ormar
armário
televizija
televisão
kamin
lareira
cvijet
flor
jastuk
travesseiro
kauč
sofá
vaza
vaso
daljinski upravljač
controle remoto

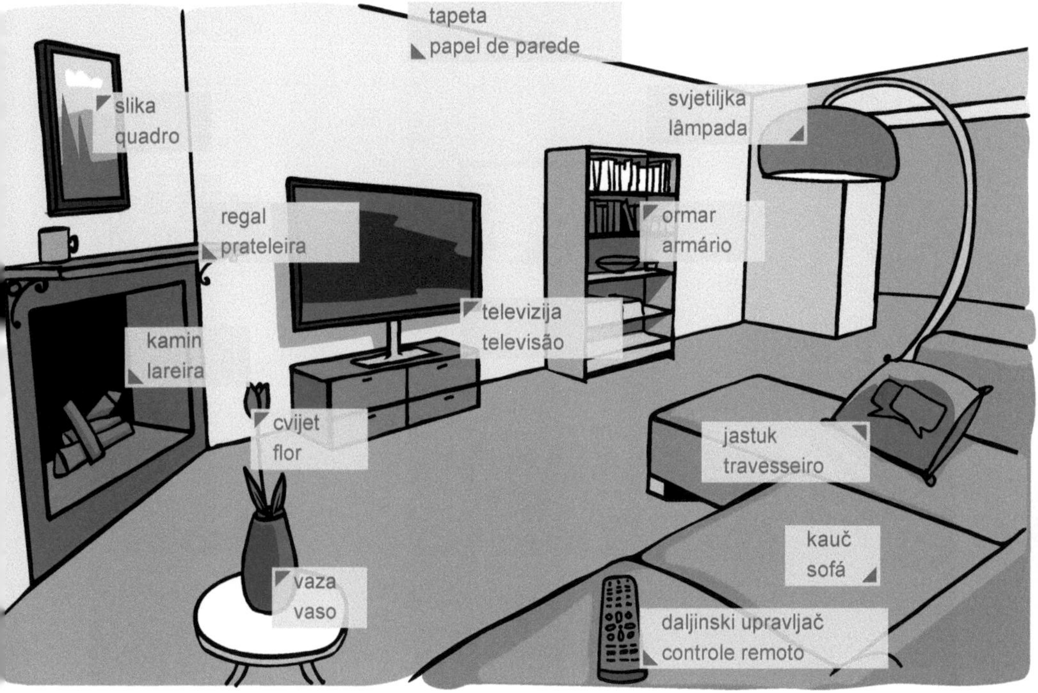

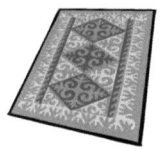

tepih
tapete

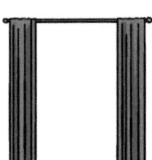

zavjesa
cortina

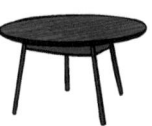

stol
mesa

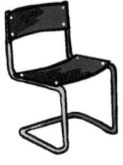

stolica
cadeira

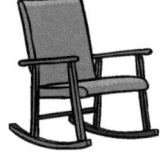

stolica za njihanje
cadeira de balanço

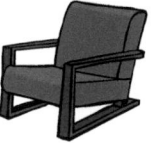

fotelja
poltrona

knjiga

livro

deka

cobertor

dekoracija

decoração

drvo za ogrjev

lenha

film

filme

stereo uređaj

equipamento de som

ključ

chave

novine

jornal

slika na platnu

pintura

poster

pôster

radio

rádio

blok za pisanje

bloco de notas

usisavač

aspirador

kaktus

cacto

svijeća

vela

kuhinja
cozinha

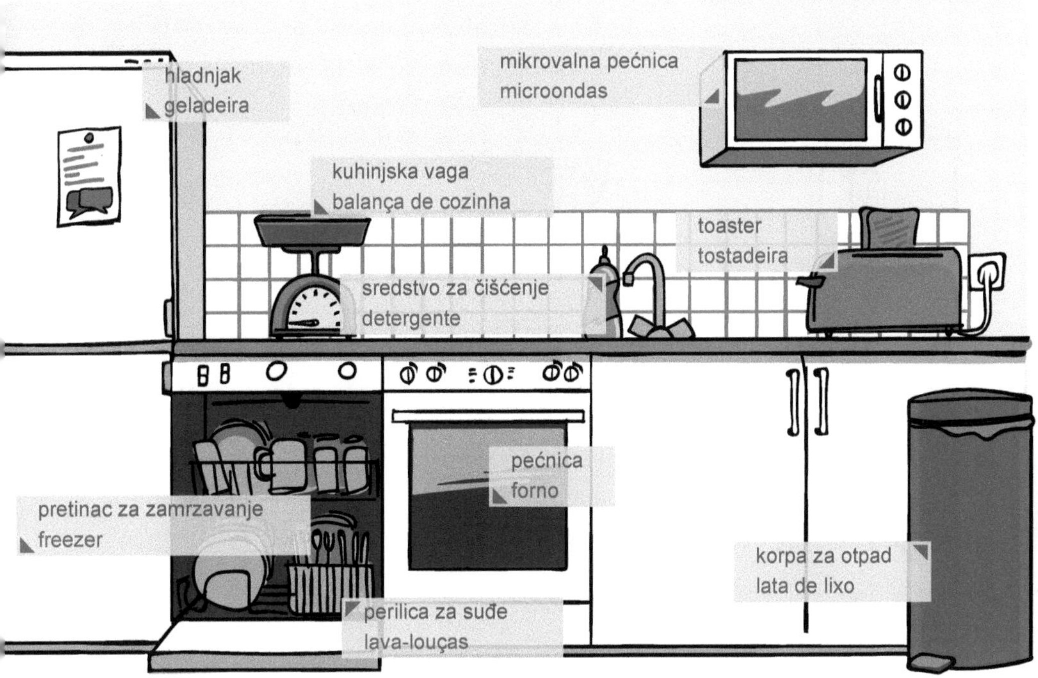

hladnjak
geladeira
mikrovalna pećnica
microondas
kuhinjska vaga
balança de cozinha
toaster
tostadeira
sredstvo za čišćenje
detergente
pećnica
forno
pretinac za zamrzavanje
freezer
korpa za otpad
lata de lixo
perilica za suđe
lava-louças

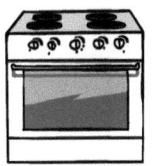

štednjak

fogão

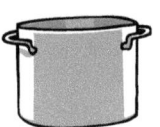

lonac

panela

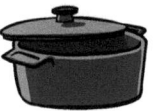

željezni lonac

panela de ferro

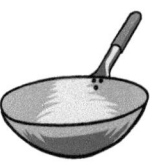

wok / kadai

wok / kadai

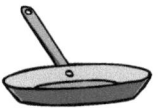

tava

frigideira

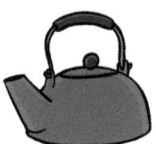

kuhalo za vodu

chaleira

kuhalo na paru

panela a vapor

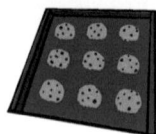

lim za pečenje

tabuleiro de forno

posuđe

louça

čaša

caneca

zdjela

caçarola

štapići za jelo

hashi

kutljača

concha de sopa

lopatica

espátula

pjenjača

batedor

sito za kuhanje

escorredor

sito

peneira

ribež

ralador

mužar

almofariz

roštilj

churrasqueira

ognjište

lareira

daska

tábua de cortar

oklagija

rolo da massa

vadičep

saca-rolhas

konzerva

lata

otvarač konzervi

abridor de latas

krpa za lonac

pegador de panela

sudoper

pia

četka

escova

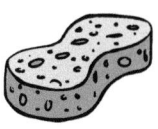

spužva

esponja

mikser

liquidificador

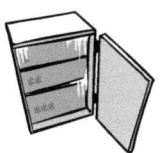

zamrzivač

congelador

bočica za bebe

mamadeira

slavina za vodu

torneira

kupaonica
banheiro

grijanje
aquecimento
ručnik
toalha
tuš
ducha
zavjesa za tuš
cortina de chuveiro
pjenušava kupka
banho de espuma
kada
banheira
perilica za rublje
lava-roupa
pločice
azulejos
slavina za vodu
torneira
čaša
copo
dječja kahlica
penico
sudoper
pia

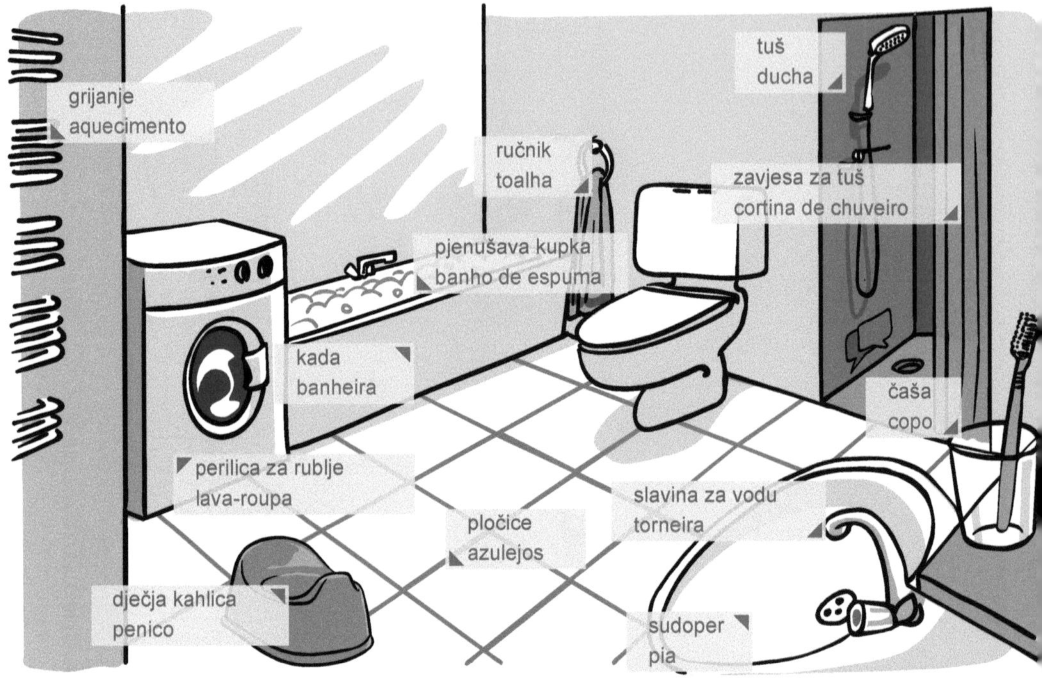

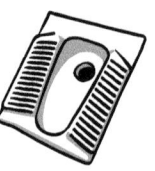

toalet

vaso sanitário

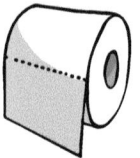

čučavac

lavabo de agachar

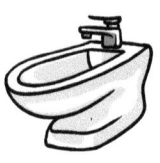

bidet

bidê

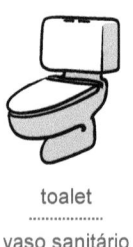

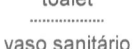

pisoar

mictório

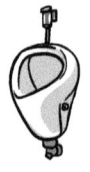

papir za toalet

papel higiênico

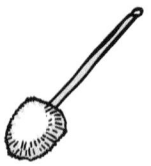

četka za toalet

escova de privada

četkica za zube

escova de dentes

pasta za zube

pasta de dentes

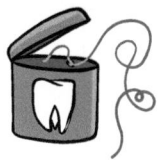

konac za zube

fio dental

prati

lavar

tuš ručica

ducha de mão

tuš za pranje intimnih dijelova

ducha íntima

lavor

bacia

četka za pranje leđa

escova para as costas

sapun

sabonete

gel za tuširanje

gel de banho

šampon

xampu

krpa za pranje

toalha de rosto

odvod

escoamento

krema

creme

dezodorans

desodorante

ogledalo

espelho

kozmetičko ogledalo

espelho de mão

brijač

barbeador

pjena za brijanje

espuma de barbear

losion za poslije brijanja

loção pós-barba

češalj

pente

četka

escova

sušilo za kosu

secador de cabelo

sprej za kosu

spray de cabelo

makeup

maquiagem

ruž za usne

batom

lak za nokte

esmalte de unhas

vata

algodão

škare za nokte

tesoura para unhas

parfem

perfume

neseser
nécessaire

stolica
banquinho

vaga
balança

ogrtač
roupão de banho

rukavice za čišćenje
luvas de borracha

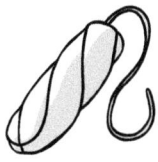

tampon
absorvente interno

uložak
absorvente íntimo

kemijski toalet
banheiro químico

dječija soba

quarto de criança

budilnik
despertador
plišana igračka
boneco de pelúcia
auto igračka
carrinho de brinquedo
zvečka
chacoalho
kućica za lutke
casa de bonecas
poklon
presente

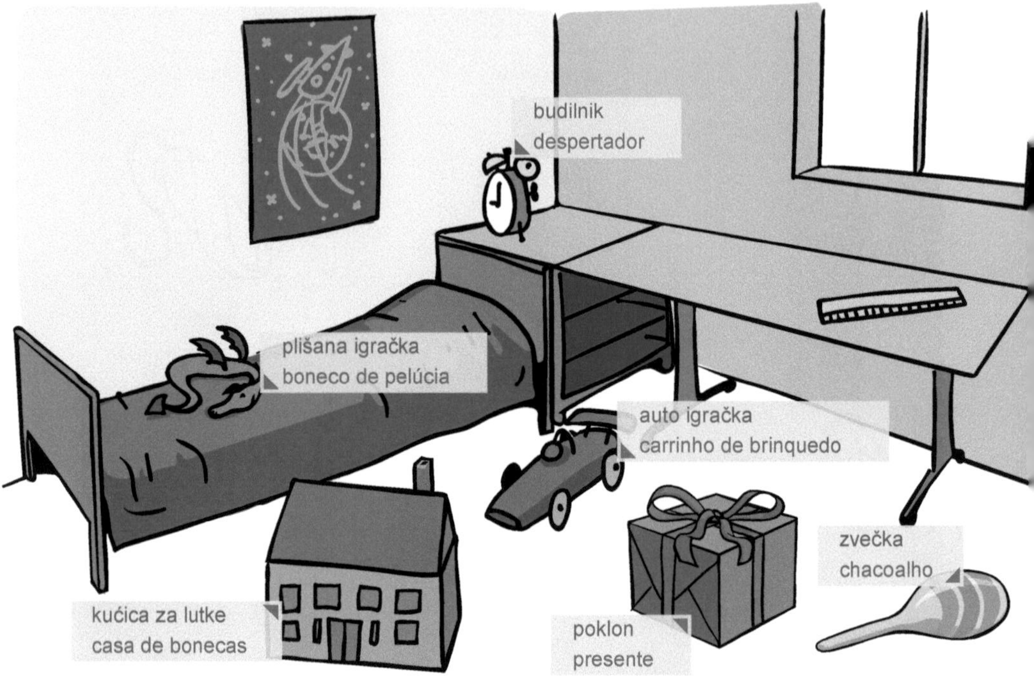

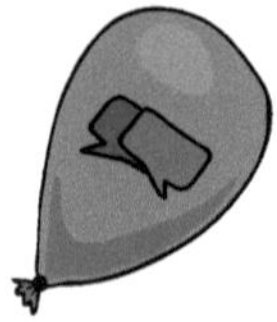

balon

balão

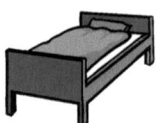

krevet

cama

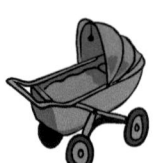

dječija kolica

carrinho de bebê

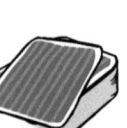

igra s kartama

jogo de cartas

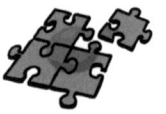

slagalica

quebra-cabeças

SUPER
MEGA

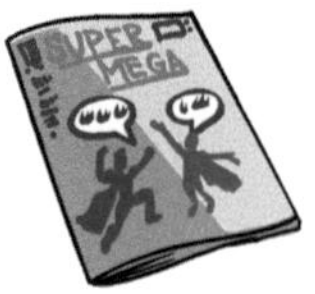

strip

revista de quadrinhos

lego kockice

peças de Lego

kockice za slaganje

blocos de construção

akcioni junak

figura de ação

kombinezon za bebe

macaquinho de bebê

frizbi

frisbee

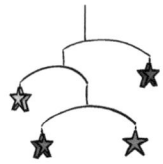

viseće igračke

móbile para bebé

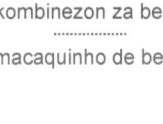

društvene igre

jogo de tabuleiro

kocka

dados

minijaturna željeznica

trenzinho elétrico

duda

chupeta

tulum

festa

slikovnica

livro ilustrado

lopta

bola

lutka

boneca

igrati

brincar

pješčanik

caixa de areia

ljuljačka

balanço

igračka

brinquedos

konzola za igre

videogame

tricikl

triciclo

plišani medo

ursinho de pelúcia

ormar

guarda-roupa

odjeća

vestuário

kratke čarape

meias

čarape

meias pelo joelho

hulahopke

meias-calças

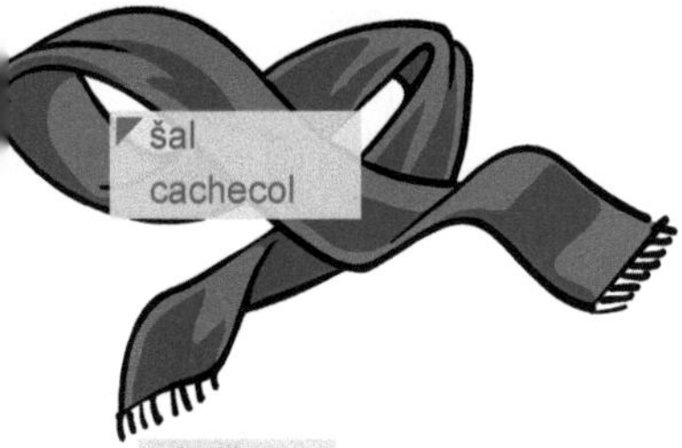

šal
cachecol

kišobran
guarda-chuva

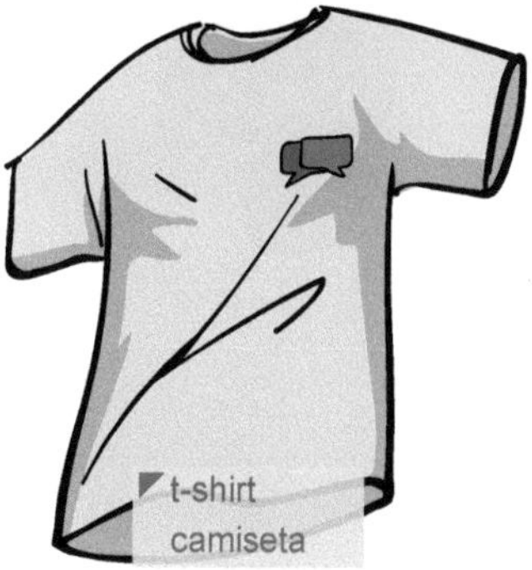

t-shirt
camiseta

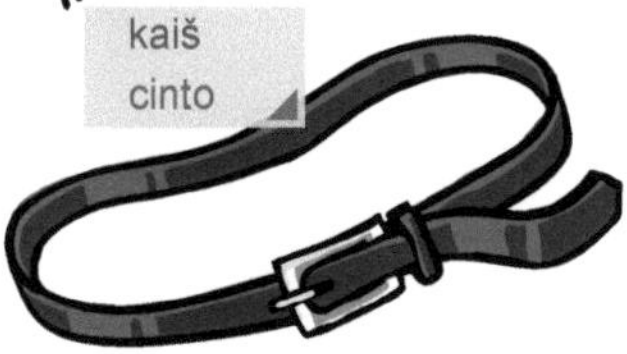

kaiš
cinto

čizme
botas

papuče
chinelos

patike
tênis

sandale
....
sandálias

cipele
....
sapatos

gumene čizme
....
botas de borracha

gaćice
....
roupa de baixo

grudnjak
....
sutiã

potkošulja
....
camiseta de baixo

bodi
body

hlače
calças

džins
jeans

haljina
saia

bluza
blusa

košulja
camisa

džemper
pulôver

pulover s kapuljačom
suéter com capuz

blejzer
blazer

jakna
jaqueta

kaput
casaco

kabanica
gabardine

kostim
traje

haljina
vestido

vjenčanica
vestido de casamento

odjeća - vestuário

odijelo

terno

spavaćica

camisola

pidžama

pijama

sari

sari

rubac

lenço de cabeça

turban

turbante

burka

burca

kaftan

cafetã

abaja

abaya

kupaći kostim

maiô

kupaće gaćice

sunga

kratke hlače

shorts

odjeća za trening

roupa de treino

pregača

avental

rukavice

luvas

gumb

botão

naočale

óculos

narukvica

pulseira

ogrlica

colar

prsten

anel

naušnica

brinco

kapa

boné

vješalica

cabide

šešir

chapéu

kravata

gravata

patent zatvarač

zíper

kaciga

capacete

naramenice

suspensórios

školska uniforma

uniforme escolar

uniforma

uniforme

podbradak

babador

duda

chupeta

pelena

fralda

ured

escritório

server
servidor

ormar za spise
armário de arquivos

pisač
impressora

papir
papel

monitor
monitor

pisaći stol
escrivaninha

miš
mouse

mapa
pasta

tipkovnica
teclado

košara za papir
cesto de lixo

stolica
cadeira

računar
computador

šalica za kavu

xícara de café

kalkulator

calculadora

internet

internet

laptop
laptop

pismo
carta

poruka
mensagem

mobilni telefon
celular

mreža
rede

uređaj za kopiranje
copiadora

softver
software

telefon
telefone

utičnica
tomada

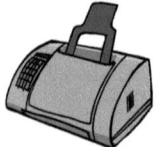

faks
fax

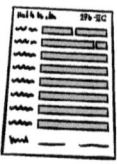

obrazac
formulário

dokument
documento

kupovati

comprar

platiti

pagar

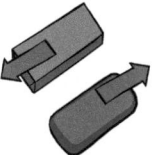

trgovati

negociar

novac

dinheiro

dolar

Dólar

euro

Euro

jen

Yen

rubalj

rublo

švicarski franak

franco suíço

renmindbi yuan

renminbi yuan

rupija

rupia

automat za novac

caixa eletrônico

mjenjačnica

casa de câmbio

zlato

ouro

srebro

prata

nafta

petróleo

energija

energia

cijena

preço

ugovor

contrato

porez

imposto

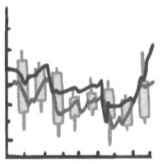

dionica

ação

raditi

trabalhar

službenik

empregado

poslodavac

empregador

tvornica

fábrica

prodavaonica

loja

gospodarstvo - economia

zanimanja
profissões

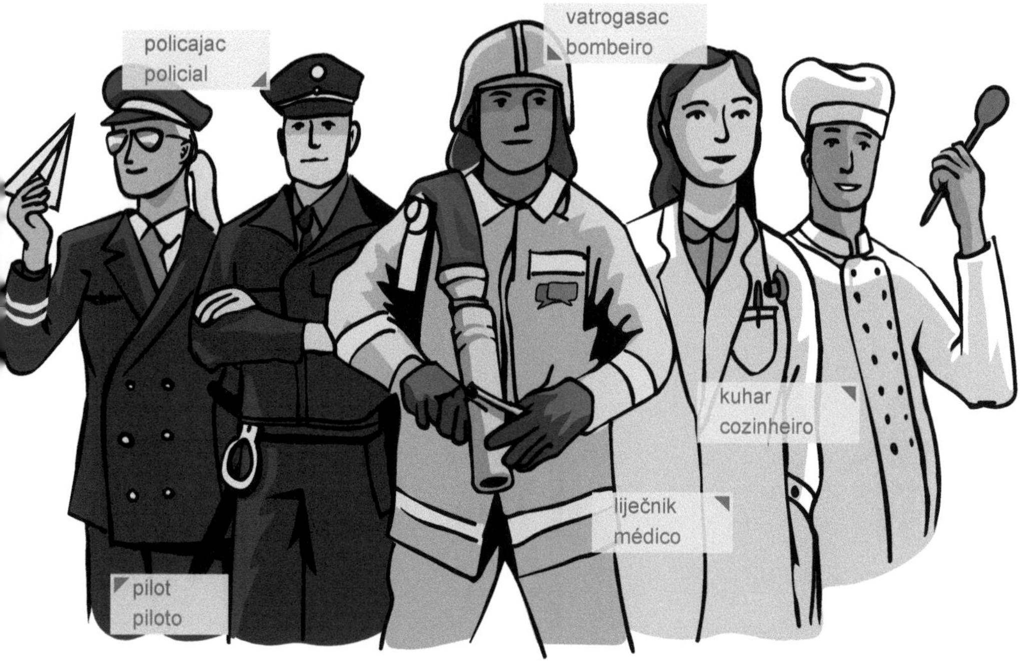

policajac
policial
vatrogasac
bombeiro
kuhar
cozinheiro
liječnik
médico
pilot
piloto

vrtlar
jardineiro

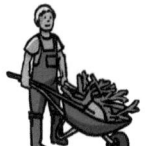

stolar
marceneiro

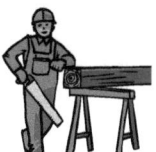

krojačica
costureira

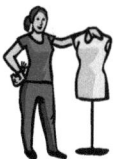

sudija
juiz

kemičar
químico

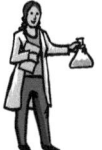

glumac
ator

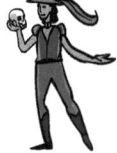

vozač autobusa

motorista de ônibus

vozač taksija

motorista de táxi

ribar

pescador

čistačica

faxineira

krovopokrivač

telhador

konobar

garçom

lovac

caçador

slikar

pintor

pekar

padeiro

električar

eletricista

građevinski radnik

construtor

inženjer

engenheiro

mesar

açougueiro

limar

encanador

poštar

carteiro

vojnik

soldado

arhitekta

arquiteto

blagajnik

caixa

cvjećar

florista

frizer

cabelereiro

kondukter

condutor

mehaničar

mecânico

kapetan

capitão

zubar

dentista

znanstvenik

cientista

rabi

rabino

imam

imam

monah

monge

svećenik

pastor

alati

ferramentas

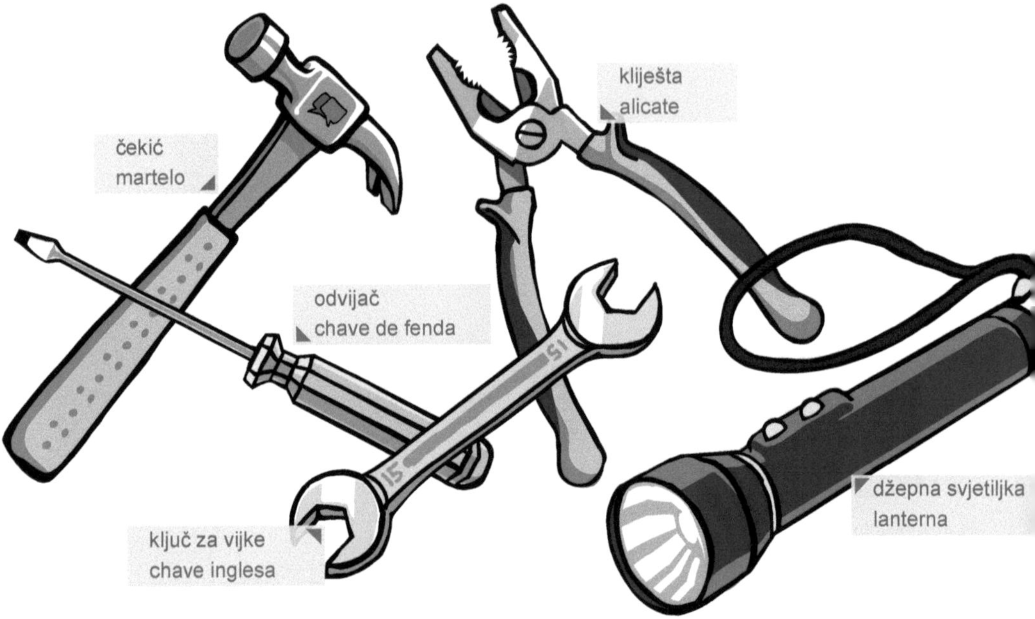
čekić
martelo
kliješta
alicate
odvijač
chave de fenda
ključ za vijke
chave inglesa
džepna svjetiljka
lanterna

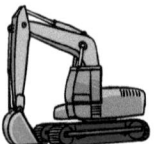

rovokopač

escavadora

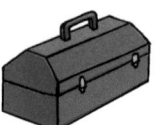

kutija za alat

caixa de ferramentas

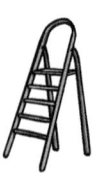

ljestve

escada de mão

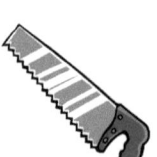

pila

serra

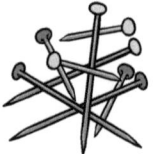

ekser

pregos

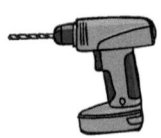

bušilica

furadeira

popraviti

consertar

lopata

pá

Sranje!

Droga!

lopatica

pá de lixo

lonac za boju

pote de tinta

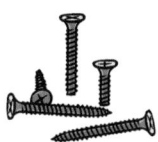

vijci

parafusos

glazbeni instrument

instrumentos musicais

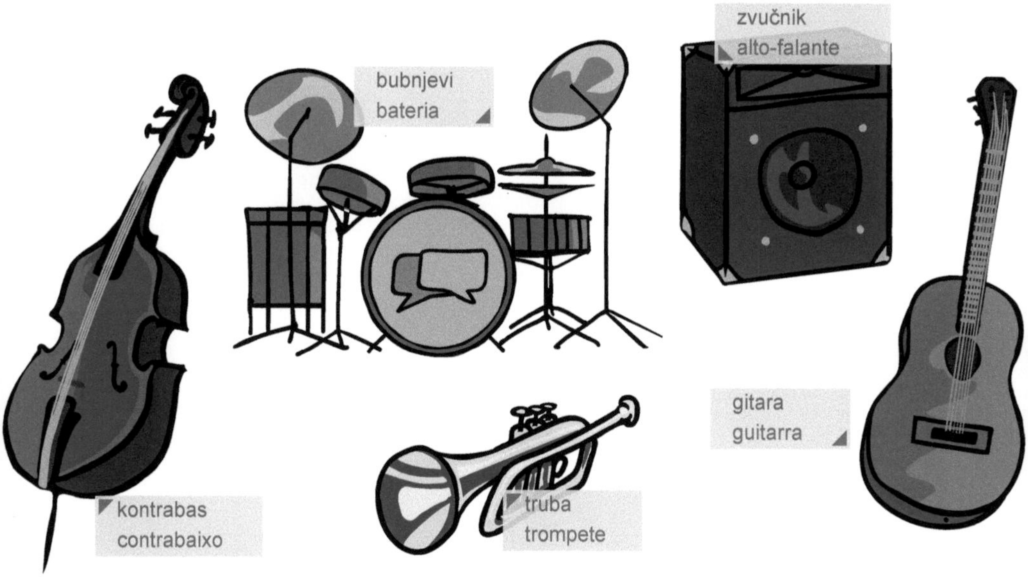

zvučnik
alto-falante

bubnjevi
bateria

gitara
guitarra

kontrabas
contrabaixo

truba
trompete

klavir

piano

violina

violino

bas

baixo

timpani

timbales

udaraljke za bubnjeve

tambor

keyboard

teclado

saksofon

saxofone

flauta

flauta

mikrofon

microfone

zoološki vrt

zoológico

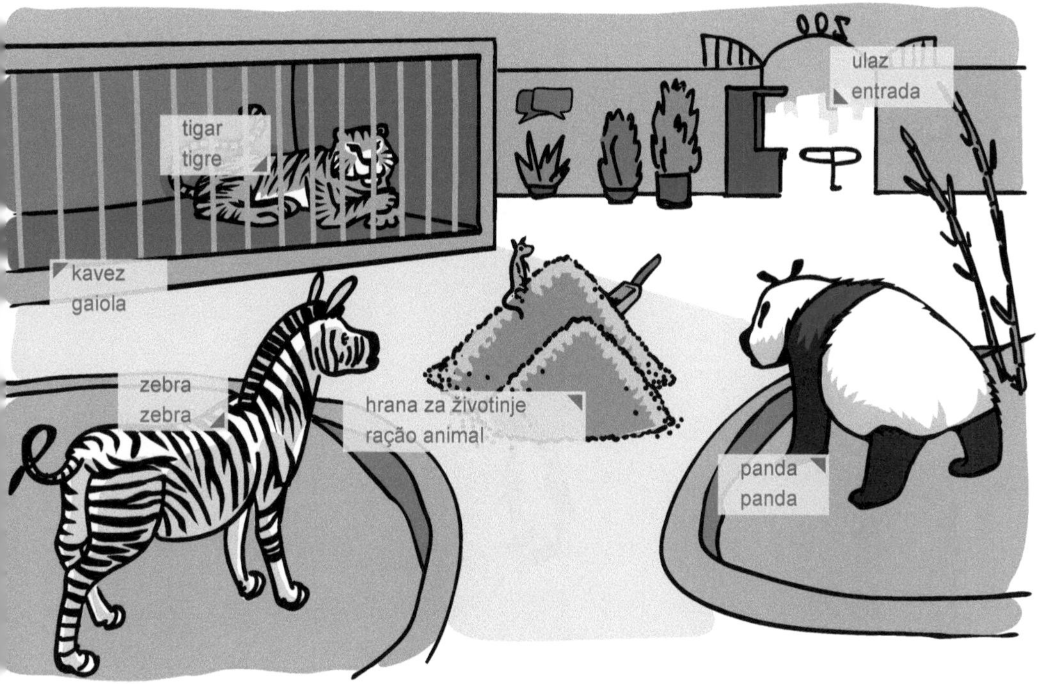
ulaz
entrada
tigar
tigre
kavez
gaiola
zebra
zebra
hrana za životinje
ração animal
panda
panda

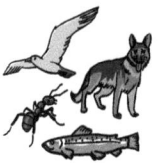

životinje

animais

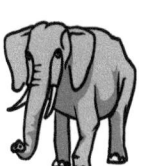

slon

elefante

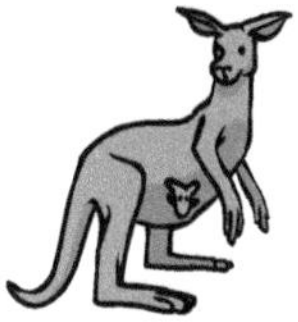

kengur

canguru

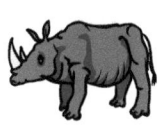

nosorog

rinoceronte

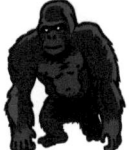

gorila

gorila

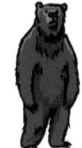

medvjed

urso

kamila

camelo

noj

avestruz

lav

leăo

majmun

macaco

flamingo

flamingo

papagaj

papagaio

polarni medvjed

urso polar

pingvin

pinguim

ajkula

tubarăo

paun

pavăo

zmija

cobra

krokodil

crocodilo

čuvar u zoološkom vrtu

guarda do zoológico

tuljan

foca

jaguar

jaguar

poni

pônei

leopard

leopardo

nilski konj

hipopótamo

žirafa

girafa

orao

águia

divlja svinja

javali

riba

peixe

kornjača

tartaruga

morž

morsa

lisica

raposa

gazela

gazela

šport

esportes

americki nogomet
futebol americano

biciklizam
ciclismo

tenis
tênis

košarka
basquete

plivanje
natação

boks
boxe

hockey na ledu
hóquei no gelo

nogomet
futebol

badminton
badminton

atletika
atletismo

rukomet
handebol

skijanje
esqui

polo
polo

skočiti
pular

zagrliti
abraçar

smijati se
rir

ići
andar

pjevati
cantar

sanjati
sonhar

moliti se
rezar

poljubiti
beijar

pisati	crtati	pokazati
escrever	desenhar	mostrar
gurati	dati	uzeti
empurrar	dar	tomar

imati
ter

činiti
fazer

biti
ser

stojati
ficar de pé

trčati
correr

povlačiti
puxar

baciti
jogar

padati
cair

ležati
deitar

čekati
esperar

nositi
carregar

sjediti
sentar

oblačiti
vestir

spavati
dormir

probuditi se
despertar

gledati

olhar para

plakati

chorar

milovati

acariciar

češljati

pentear

govoriti

falar

razumjeti

entender

pitati

perguntar

slušati

ouvir

piti

beber

jesti

comer

pospremiti

arrumar

voljeti

amar

kuhati

cozinhar

voziti

dirigir

letjeti

voar

ploviti

velejar

računati

calcular

čitati

ler

učiti

aprender

raditi

trabalhar

vjenčati se

casar

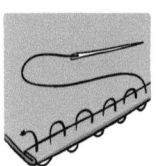

šiti

costurar

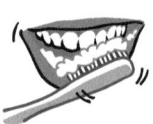

prati zube

escovar os dentes

ubiti

matar

pušiti

fumar

poslati

enviar

baka
avô

djed
avô

otac
pai

majka
mãe

beba
bebê

kćerka
filha

sin
filho

gost

convidado

tetka

tia

ujak, stric

tio

brat

irmão

sestra

irmã

tijelo

corpo

čelo
testa
oko
olho
rame
ombro
prst
dedo
lice
rosto
brada
queixo
ruka
mão
grudi
peito
noga
perna
ruka
braço

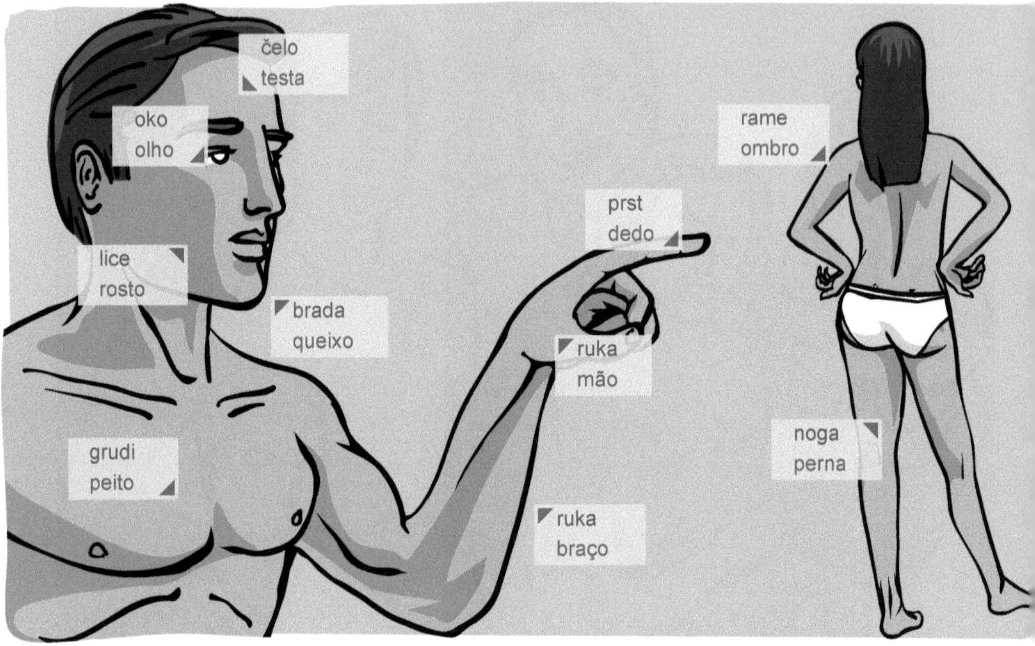

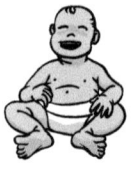

beba

bebê

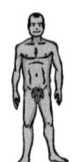

muškarac

homem

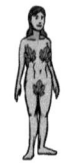

žena

mulher

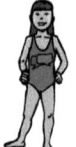

djevojčica

menina

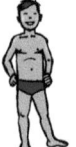

dječak

menino

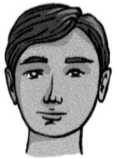

glava

cabeça

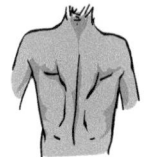

leđa

costas

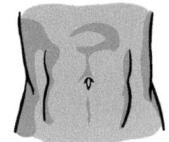

trbuh

barriga

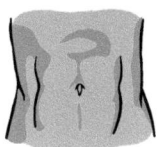

pupak

umbigo

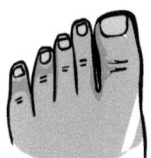

nožni prst

dedo do pé

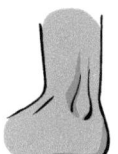

peta

calcanhar

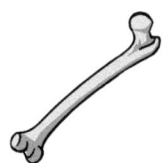

kost

osso

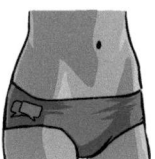

kuk

anca

koljeno

joelho

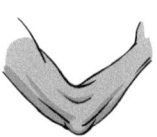

lakat

cotovelo

nos

nariz

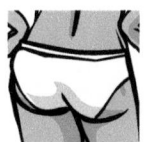

stražnjica

nádegas

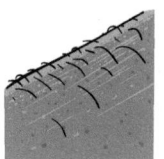

koža

pele

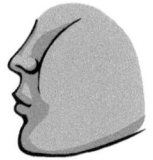

obraz

bochecha

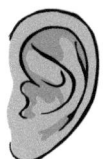

uho

orelha

usna

lábio

usta
boca

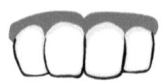

zub
dente

jezik
língua

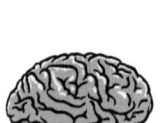

mozak
cérebro

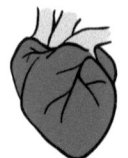

srce
coração

mišić
músculo

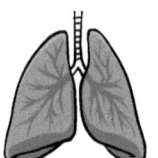

pluća
pulmão

jetra
fígado

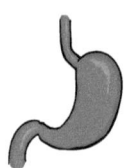

želudac
estômago

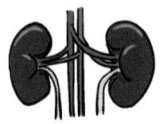

bubrezi
rins

snošaj
relações sexuais

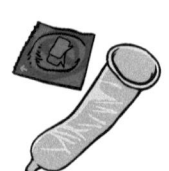

kondom
preservativo

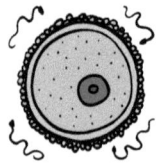

jajna stanica
óvulo

sperma
esperma

trudnoća
gravidez

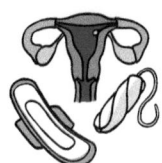

menstruacija

menstruação

vagina

vagina

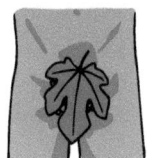

penis

pênis

obrva

sobrancelha

kosa

cabelo

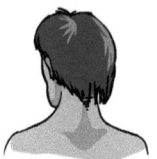

vrat

pescoço

bolnica
hospital

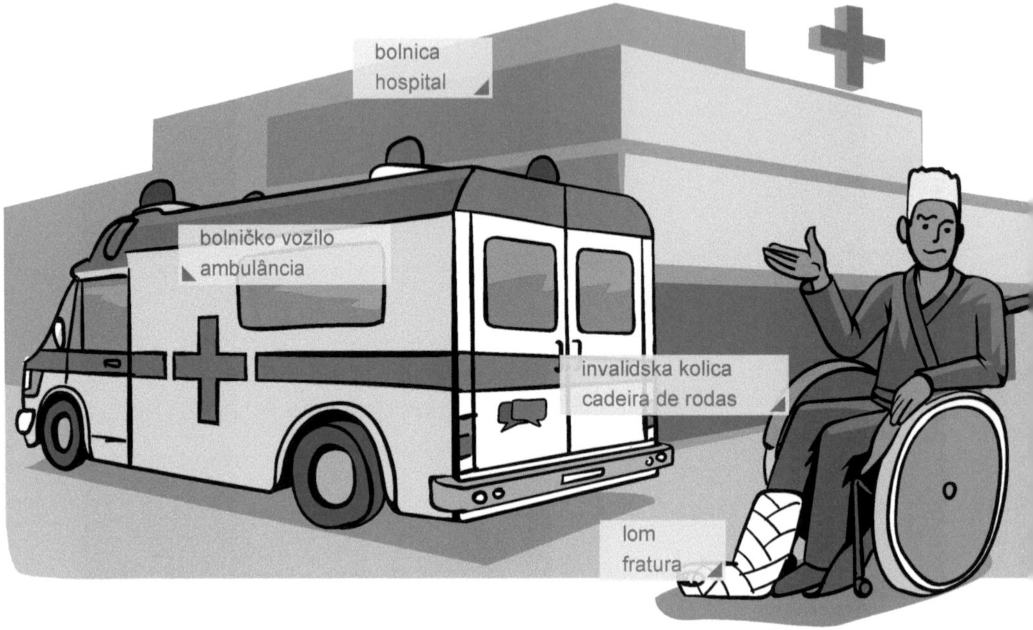

bolnica
hospital
bolničko vozilo
ambulância
invalidska kolica
cadeira de rodas
lom
fratura

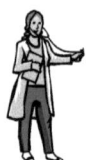

liječnik

médico

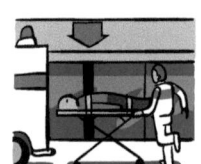

hitna medicinska služba

pronto-socorro

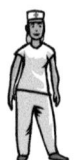

medicinska sestra

enfermeira

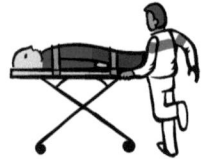

hitni slučaj

emergência

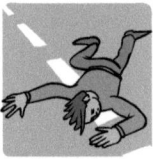

nesvijest

inconsciente

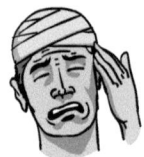

bol

dor

ozljeda

ferimento

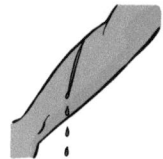

krvarenje

hemorragia

srćani infarkt

ataque cardíaco

možgani udar

acidente vacular cerebral

alergija

alergia

kašalj

tosse

groznica

febre

gripa

gripe

proljev

diarreia

glavobolja

dor de cabeça

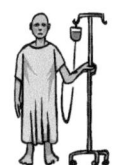

rak

câncer

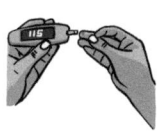

dijabetes

diabetes

kirurg

cirurgião

skalpel

bisturi

operacija

operação

ct
CT

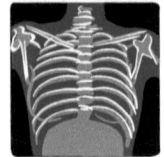

rentgen
raio x

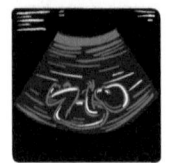

ultrazvuk
ultrassom

maska
máscara

bolest
doença

čekaonica
sala de espera

štaka
muleta

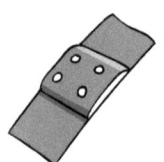

flaster
bandeide

zavoj
ligadura

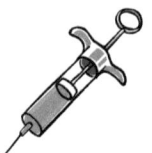

injekcija
injeção

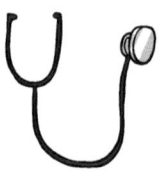

stetoskop
estetoscópio

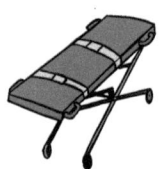

nosilo
maca

termometar
termômetro

rođenje
nascimento

prekomjerna težina
excesso de peso

slušni aparat

aparelho auditivo

sredstvo za dezinfekciju

desinfetante

infekcija

infecção

virus

vírus

hiv / sida

HIV / AIDS

medicina

medicamento

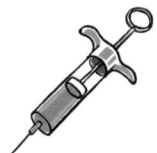

vakcinacija

vacinação

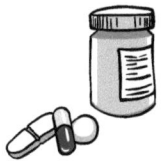

tablete

comprimidos

pilula

pílula

poziv u pomoć

chamada de emergência

uređaj za mjerenje tlaka

dispositivo de medição de
pressão arterial

bolesno / zdravo

doente / saudável

pomoć!

Socorro!

alarm

alarme

nasrtaj

assalto

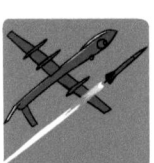

napad

ataque

opasnost

perigo

izlaz za nuždu

saída de emergência

požar!

Fogo!

vatrogasni aparat

extintor de incêndios

nezgoda

acidente

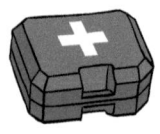

kofer prve pomoći

maleta de primeiros
socorros

sos

SOS

policija

polícia

Europa

Europa

sjeverna amerika

América do Norte

južna amerika

América do Sul

Afrika

África

Azija

Ásia

Australija

Austrália

Atlantik

Atlântico

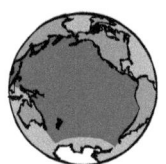

Pacifik

Pacífico

ocean

Oceano Índico

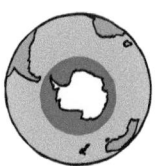

antarktički ocean

Oceano Antártico

arktički ocean

Oceano Ártico

sjeverni pol

Polo Norte

južni pol

Polo Sul

Antarktik

Antártica

zemlja

Terra

zemlja

terra

more

mar

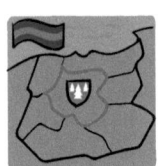

otok

ilha

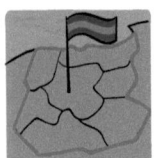

nacija

nação

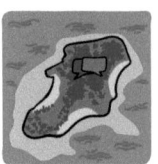

država

estado

brojčanik sata

mostrador do relógio

satna kazaljka

ponteiro das horas

minutna kazaljka

ponteiro dos minutos

sekundna kazaljka

ponteiro dos segundos

Koliko je sati?

Que horas são?

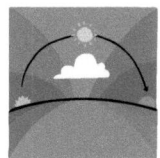

dan

dia

vrijeme

tempo

sada

agora

digitalni sat

relógio digital

minuta

minuto

sat

hora

tjedan
semana

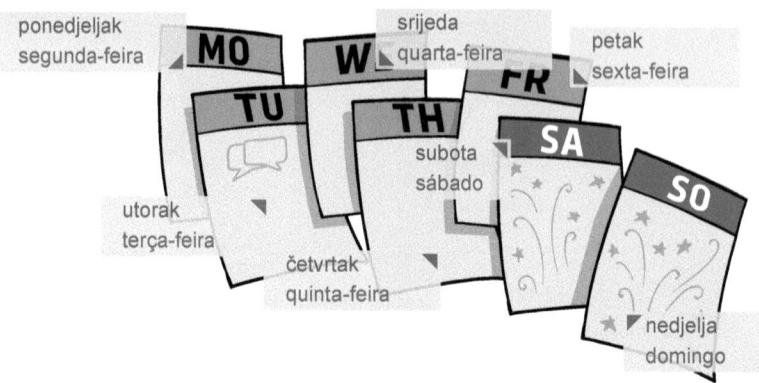

ponedjeljak
segunda-feira

MO

srijeda
quarta-feira

W

petak
sexta-feira

FR

TU

TH

SA

subota
sábado

SO

utorak
terça-feira

četvrtak
quinta-feira

nedjelja
domingo

jučer

ontem

danas

hoje

sutra

amanhã

jutro

manhã

podne

meio-dia

večer

entardecer

radni dani

dias úteis

vikend

fim de semana

godina

ano

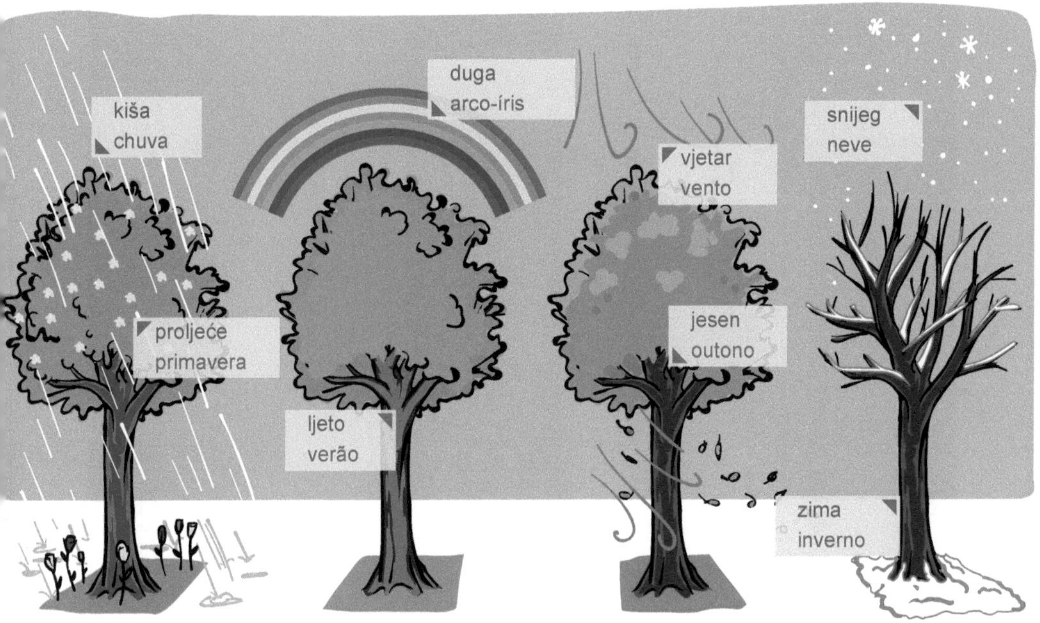

kiša
chuva
duga
arco-íris
vjetar
vento
snijeg
neve
proljeće
primavera
ljeto
verão
jesen
outono
zima
inverno

4.APRIL 11°
5.APRIL 4°
6.APRIL 13°
7.APRIL 8°
8.APRIL 10°

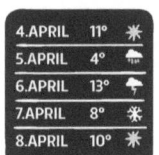

meteorološka prognoza

previsão do tempo

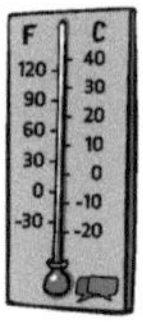

F C
120 90 60 30 0 -30
40 30 20 10 0 -10 -20

termometar

termômetro

sunčana svjetlost

raio de sol

oblak

nuvem

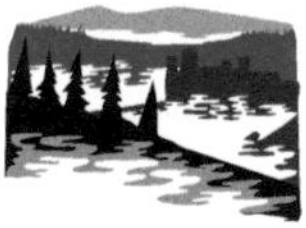

magla

neblina / nevoeiro

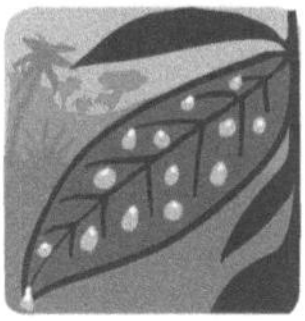

vlažnost zraka

umidade do ar

munja

relâmpago

grmljavina

trovão

oluja

tempestade

tuča

granizo

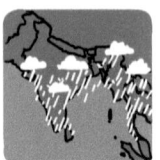

monsun

monção

poplava

inundação

led

gelo

siječanj

janeiro

veljača

fevereiro

ožujak

março

travanj

abril

svibanj

maio

lipanj

junho

srpanj

julho

kolovoz

agosto

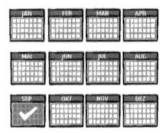

rujan
....
setembro

listopad
....
outubro

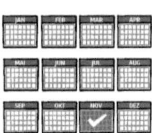

studeni
....
novembro

prosinac
....
dezembro

krug
....
círculo

kvadrat
....
quadrado

pravokutnik
....
retângulo

trokut
....
triângulo

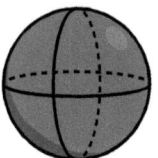

kugla
....
esfera

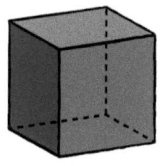

kocka
....
cubo

bijela

branco

žuta

amarelo

narančasta

laranja

ružičasta

rosa

crvena

vermelho

ljubičasta

lilás

plava

azul

zelena

verde

smeđa

marrom

siva

cinza

crna

preto

mnogo / malo

muito / pouco

ljutito / mirno

furioso / tranquilo

lijepo / ružno

lindo / feio

početak / kraj

começo / fim

veliko / maleno

grande / pequeno

svijetlo / tamno

claro / escuro

brat / sestra

irmão / irmã

čisto / prljavo

limpo / sujo

potpuno / nepotpuno

completo / incompleto

dan / noć

dia / noite

mrtvo / živo

morto / vivo

široko / usko

largo / estreito

jestivo / nejestivo

comestível / não comestível

zlo / dobro

mau / gentil

uzbuđeno / dosadno

entusiasmado / entediado

debelo / mršavo

gordo / magro

na početku / na kraju

primeiro / último

prijatelj / neprijatelj

amigo / inimigo

puno / prazno

cheio / vazio

tvrdo / mekano

duro / macio

teško / lagano

pesado / leve

glad / žeđ

fome / sede

bolesno / zdravo

doente / saudável

ilegalno / legalno

ilegal / legal

pametno / glupo

inteligente / idiota

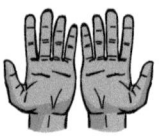

lijevo / desno

esquerda / direita

blizu / daleko

perto / longe

suprotnosti - opostos

novo / rabljeno

novo / usado

ništa / nešto

nada / alguma coisa

staro / mlado

velho / jovem

uključeno / isključeno

ligado / desligado

otvoreno / zatvoreno

aberto / fechado

tiho / glasno

baixo / alto

bogato / siromašno

rico / pobre

točno / pogrešno

certo / errado

hrapavo / glatko

áspero / liso

tužno / sretno

triste / feliz

kratko / dugo

curto / longo

polako / brzo

lento / rápido

mokro / suho

molhado / seco

toplo / hladno

ameno / fresco

rat / mir

guerra / paz

0

nula

zero

1

jedan

um

2

dva

dois

3

tri

três

4

četiri

quatro

5

pet

cinco

6

šest

seis

7

sedam

sete

8

osam

oito

9

devet

nove

10

deset

dez

11

jedanaest

onze

12
dvanaest
doze

13
trinaest
treze

14
četrnaest
quatorze

15
petnaest
quinze

16
šestnaest
dezesseis

17
sedamnaest
dezessete

18
osamnaest
dezoito

19
devetnaest
dezenove

20
dvadeset
vinte

100
stotinu
cem

1.000
tisuću
mil

1.000.000
milijun
milhão

engleski

inglês

američko engleski

inglês americano

kinesko mandarinski

chinês mandarim

hindi

hindi

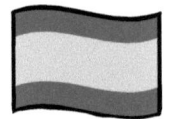

španjolski

espanhol

francuski

francês

arapski

árabe

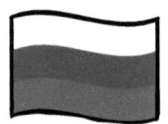

ruski

russo

portugalski

português

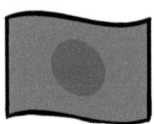

bengalski

bengalês

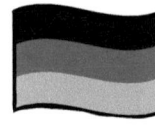

njemački

alemão

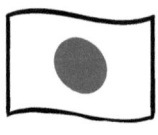

japanski

japonês

ja
....
eu

ti
....
você

on / ona / ono
....
ele / ela

mi
....
nós

vi
....
vocês

oni
....
eles / elas

tko?
....
quem?

što?
....
O quê?

kako?
....
como?

gdje?
....
onde?

kada?
....
Quando?

ime
....
nome

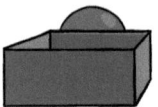

iza
....
atrás

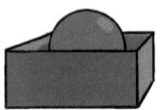

u
....
em

ispred
....
na frente de

preko
....
sobre

na
....
em cima

ispod
....
debaixo

pored
....
do lado

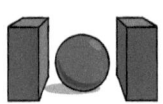

između
....
entre

mjesto
....
lugar